（宋）蘇軾 撰

明成化本東坡七集

第一七冊

國家圖書館出版社

第一七册目録

東坡外制集三卷

重刊明成化本東坡七集

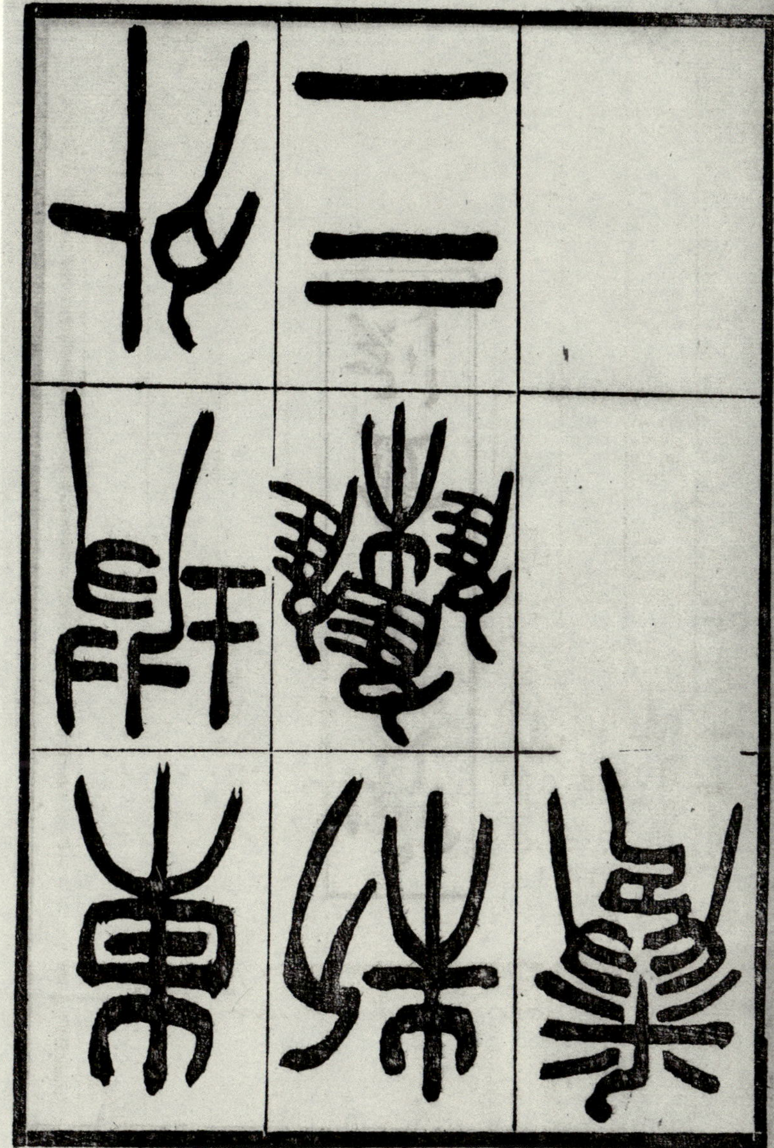

寶華盦刻

東坡外制集目録

上卷

蔡濛兩浙運判

范子淵知兖州

崔氏特封永嘉郡君

皇叔皇兄追封

士瀹西頭供奉官

童湜特敘内殿崇班

謝卿材福建轉運使

趙偁淮南轉運副使

吕温卿李元輔除知州

王誨知河中府

邵剛通判泗州

荆王楊王所乞推恩八人

張禧轉三官

鮮于侁太常少卿

范祖禹著作郎

孫覺給事中

皇伯祖克愉贈開府

蕃官兀埿常等覃恩轉官

宗晟毋孫氏封康國太夫人

劉琯知恩州

皇叔叔曹封廣平侯
李司供奉官
張汝賢發運副使
狄諮劉定各降一官
范子淵知峽州
劉錫永父元承事郎
叔頗男旼之三班借職
鮑耆年張峋除運判
李周太僕少卿
范純禮吏部郎中

余希旦知濰州

王晢知衛州

郭祥正覃恩轉承議郎

王崇拯遥郡刺史

謝臯三班借職

皇伯仲郃贈使相

士暇右班殿直

克鞏遥郡防禦使

劉瑱閤門祗候

王安石贈太傅

楊繪知徐州

陳薦贈光祿大夫

呂穆仲唐義問除提刑

沈扱通知海州

孫向保州通判

鄧闢朝散郎監邕州愼乃金坑

荆王新婦王氏潭國夫人

劉庠贈大中大夫

李琮知吉州

高士良文思副使

皇叔叔遂追封河内侯

孝騫孝治等遂州團練使

吕公著妻魯氏贈國夫人

仲暹遥郡防禦使

韓維妻張氏同安郡夫人

中卷

司馬光贈三代妻

張恕將作監丞

趙濟知解州

李承之知青州

韓維贈三代妻

趙濟落職管勾中岳廟

王彭等三人除知州

王子韶周尹除郎中

蔣之奇知潭州

皇伯祖宗勝贈北海郡王

劉有方昭宣使

宋滋右侍禁

鞠承之秦州通判

文及衛尉少卿

李杲卿等四人除漕

童珪父參承務郎致仕

單可度三班借職出職

智誠知宜州

張仲左班殿直

張誠一分司南京

陳侗知陝州

傅燮知鄭州

姚居簡轉三班借職

賈種民知軍吕升卿通判

張世矩再任鎮戎軍
劉誼知韶州
吕惠卿責授節度副使
許懋知福州
喬執中張安上除漕刑
宇文昌齡祝庶除郎官
侯利建等五人除漕刑
王續知太康縣
張琬衛尉丞韓敦立倅齊州
喬執中吏部郎

蘇子元權知新州

楊汲等三人落職除知州

趙高轉朝議大夫

趙思明知永靜軍

鮮于侁大理卿

吴處厚賈種民除知軍

顧臨唐義問除漕使

張問秘書監

范子奇將作監

錢長卿鄧義叔除郎官

林邵太僕丞何琬鴻臚丞

文保雍將作監丞

李南公等四人除知州

高公繪公紀防禦使

李之純戸部侍郎

穆衍金部員外郎

孫路陝西運判

蘇頌刑部尚書

王公儀程高除䕫漕

呂由庚太常寺太祝

杜訢鍾離景伯除少卿監

辛押陁羅歸德將軍

高子壽三班借職

李肩尚藥奉御

耿政東頭供奉官致仕

喬執中吏部郎中

下卷

李之純河北都運

吕大臨太學博士

羅適程之邵除赤縣

杜純刑部員外郎

劉霆知陳留縣

皇伯仲瞴贈東陽郡王

杜紘右司郎中

裴景等三人知州軍

楊晟該吴奉雲各轉一官

吕大忠發運副使

蔣之奇知廣州

吴安持劉珵除知州

謝卿材陝西轉運使

李曼知果州
黎珣知南雄州
張赴再任乾寧軍
皇伯仲嬰追封申國公
林邵開封府推官
鄧義叔王諤除郎官
王荀龍知棣州
黄憲章承事郎
劉摯兼侍讀
處士王臨試太學録

皇叔克眷追封濟陰侯
寇彦卿彦明左班殿直
張敦禮節度觀察留後
内人張氏特封典賛
故尚宫趙氏特贈郡君
馮宗道梁惟簡内侍押班
梁從吉入内内侍省副都知
劉有方内侍省右班副都知
翟思等三人知州軍
馬傳正大理寺主簿

張之諫康識除知州

梁謂供備庫副使轉出

燕若古知渝州

孫諤鮑朝賔宣義郎

王振大理少卿

李顲宣德郎

趙思明西上閤門副使

李承祐内殿崇班

蕭士元趙永宝 知州軍

黃光瑞内殿崇班

文貽慶都官郎居中宗正簿

皇兄令史贈博平侯

高士永知文州

高士纉士浧左班殿直

梁惟簡皇城副使 同上

范百禄刑部侍郎

朱光庭王覿左右司諫

鮮于侁梁燾左右諫議大夫

王巖叟侍御史

錢勰給事中

明堂執政加恩

韓維　張璪　李清臣　安燾　范純仁

呂大防

韓忠彦黄履轉朝請郎

克愛仲䖍並遥郡團練使

王獻可洛苑使

陳次升淮南提刑

杜純大理少卿

郭畯開封府司録叅軍

林希中書舍人

東坡外制集目録

東坡外制集卷上

給事中兼侍講傅堯俞可吏部侍郎

敕士以德望進則風俗厚而朝廷尊以經術用則議論正而名器重此君子所以難合而朕亦難其人焉具官傅堯俞博學篤行久聞于時歷事四世挺然一節懷道不試十年于兹朕欲聞仁人之言置之講席非堯舜之道蓋未嘗言給事黄門未究其用往貳太宰益脩厥官董正治典以稱先帝復古之意可

太常少卿趙瞻可戶部侍郎

敕理財正辭禁民爲非曰義先王之論理財也必繼

之以正辭名正而言順則財可得而理民可得而正
自頃功利之臣言政而不及化言利而不及義中外
紛然朕益厭之具官趙瞻明於吏事輔以儒術忠義
之節白首不衰爰自秩宗擢貳邦計將使四方之人
知予以耆老舊德居此官者蓋有爲徹之意焉可
王克臣可工部侍郎依前龍圖閣直學士
敕朕承先帝之丕業居其宮室而服其器用常懼
不稱而何敢有加焉惟是軍國之備凡仰于百工者
乃以諉于冬官有事于斯當識朕意具官王克臣奮
自儒術蔚爲聞人歷帥諸藩嘗佐事典才有餘裕所

居見稱比由宛丘入奉朝謁而司空長貳艱於其人
茲命爾以舊官仍兼內閣之重勉率厥職外以成爾
繕治之勞內以全予恭儉之志可

祥符知縣李之紀可廣西提刑

具官李之紀近自畿甸逐至海隅朕視其地如戶庭
視其民如一家爾賦政赤縣而廉平之稱達于朕聽
是用命爾按刑嶺表其一乃心毋或鄙夷其民如在
朕側往惟欽哉

知楚州田待問可淮南轉運判官

敕具官田待問朝廷取材必始於治民異時吏或不

更郡縣而任剌舉剛柔失中民以告病以爾端靜敏
愘悃愊無華試于劇郡吏民宜之其即本道以究爾
才往悉乃心毋使厥聲减於治郡可

兩浙轉運副使孫昌齡可秘閣校理知福州

敕具官孫昌齡爾奉使吴越而廉平之稱達于朕聽
七閩之會其民智巧易以理服難以力勝今命爾為
守惟寛而明民乃宜之朕方復文舘之職以廣育才
之路遂以命爾往惟欽哉可

知徐州馬默可司農少卿

敕具官馬默爾以愽學強記宏毅有守剛而不犯明

而不苟歷試中外藹然有聞朕方選擇循吏入為卿佐凡爾所能已試於外者其以告我而力行之往佐大農毋忽朕命

兩浙轉運副使許懋可令再任

敕具官許懋吳越之人凋敝久矣朕方蠲理煩碎以安養其衆非得循吏察視郡縣均通有無則民何賴焉以爾儒術精通吏事詳敏歷年于茲民便其政既信之俗必易為功庶無新故更代之勞而有上下相安之美勉脩前業無怠日新可

新淮南轉運判官蔡濛可兩浙運判 首同前

勑具官蔡濛云云以爾名臣之子進以儒術歷佐漕府治辦有成東西富庶比於西蜀而機巧過之惟寛且静則民不媮可

司農少卿范子淵可知兖州

勑具官范子淵朕於士大夫未嘗求備也將歷試以事而收其所長有司言汝治河無狀耗國勞民積歲而功不成朕惟水土之政與郡縣異其觀汝于牧民尚勉来效以蓋往愆可

故樞密副使包拯男太常寺太祝繶之妻壽安縣君崔氏可特封永嘉郡君仍封表門閭

敕崔氏汝甲族之遺孤大臣之冢婦夫亡子夭惸然無歸而能誓死不嫁撫養孤弱使我嘉祐名臣之後有立於世惟汝之功昔衛世子蚤死共姜自誓詩人歌之韓愈幼孤養於嫂鄭愈喪之朞若崔氏者可謂兼之矣其攺賜湯沐表異其所居以風曉郡國使薄於孝悌者有所愧焉可

皇叔某贈婺州觀察使追封東陽侯

皇兄某贈蔡州觀察使追封汝南侯

敕生分竹符所以廣恩於宗室沒享茆社所以寵綏其子孫眷予盤石之宗夙被麟趾之化國有常典我

其敢忘某等生于高明克自抑畏恭儉寡過綽有士人之風忠孝著聞蓋服　祖宗之訓屬既尊于中外禮當極於哀榮命以廉車即封其地爰疏五等之貴慰九泉之思庶其有知服我休命

士㵾可西頭供奉官

敕具官士㵾汝宗室子生于安逸而能誦習文法以求自試蓋亦有志于士者朕何愛一官不以成其志乎可

童湜可特敘内殿崇班

敕具官童湜汝奉法不謹坐廢歷年而能秪畏以蓋

前失既更大眚稍復汝舊往服厥官益敬無怠可

謝卿材可直秘閣福建轉運使

敕具官謝卿材先王設官制禄非特以勸功興事也將以觀士之所守而進退之惟愛身者為能愛民惟知義者為能知利以爾臨事有守信道不回治郡有方奉使不擾力行古人之事庶幾循吏之風釋此大邦付之一路仍進直於書府俾增重於使權無輕遠人謹視貪吏政成民悅朕不汝忘可

趙偁可淮南轉運副使

敕具官趙偁汝昔為文登守而海隅之民至今稱之

推文登之政達之齊魯刑平賦簡所部以安今淮南之人困於征役而重以饑饉汝往按視如京東之政以寬吾憂可

呂温卿知饒州李元輔知絳州

敕呂温卿等監司郡縣其職不同其為養民一也夫安靜之吏悃愊無華日計不足歲計有餘今自部使者移治一郡其深念之服于朕訓以永終譽可

王誨知河中府

敕具官王誨汝以名臣子老於治郡所至安靜吏民宜之河東吾股肱郡方唐之盛世有賢守風流未遠

圖像具存勉思古人以紹前烈可

邵剛通判泗州

敕具官邵剛詩云淑問如臯陶在泮獻囚獄訟之事固儒者之所學也汝官于上庠既習其說矣其往試之可

荆王楊王所乞推恩八人

具官某等或以方伎世其學或以歲月積其勞給事王宮既勤且久增秩改授以旌其能往服休恩益敬無怠可

西頭供奉官張禧得三級轉三官

敕具官張禧疆埸之政以首虜計功所從来尚矣爾既應格則賞隨之可

鮮于侁可太常少卿

敕具官鮮于侁奉常之職非特以治郊廟之度服器之數而已國有大政事大議論必稽焉昔魯秉周禮齊不敢謀而晏子太師折衝於樽俎之間國之典常君臣之名分上下守之有死不易則國安而民服朕選建卿士付之禮樂意在於此非我老成之人學足以通古才足以御今智足以應變強足以守官深於經術達於人情其孰宜之詩不云乎彼已之子邦之

司直往修厥官無斁朕命可

范祖禹可著作郎

敕具官范祖禹左右起居東觀著作皆史事也今左右史獨書已行之政有司之常事至於廊廟大議君臣相與之際所以興壞治忽之由一歸於東觀則著作之任顧不重歟非得直諒多聞古之所謂益友者奮筆於其間則善惡貿亂後世無所考信汝既任其事矣益進而專之朕苟有過猶當直書而況其餘乎往祇厥官無曠乃職可

孫覺可給事中

敕朕聞明主在上凡侍從皆得言若其不明雖臺諫亦失職朕以沖眇丕承祖宗未堪多難之憂常恐不聞其過下至執藝猶當盡規豈必諫臣而後論事矧茲封駁之重任參黃散之間知無不言職固當爾具官孫覺行不違道言不違仁處以孝聞出以忠顯先帝所以遺朕天下謂之正人屢告嘉猷固非小補間自西省遷之東臺而覺方進陽城之直詞固懷蕭生之雅意重違其請閱月于茲卒採羣言以遂前命以爾抗章伏閤之志施於還詔批敕之間其一乃心以稱朕意

皇伯祖克愉可贈忠正軍節度使開府儀同三

司

敕國家蒙累聖之餘澤眷宗室之多賢雖設官以董其私置傳以導其學而重以吏事責之懿親青衿而服簪纓白首以奉朝請雖有間平之盛德歆向之異材皆湮沒而無傳故嘆息之何及尚賴本支之茂蔚為邦國之華不幸云亡惻然永悼具官克愉忠厚以為質禮敬以自文持滿矜高蓋得諸侯之孝履信思順合於大有之賢小心自將沒齒無過方朕不言之際遽茲永逝之悲日月有時窀穸告具賁以旌旄之

寵仍兼將相之榮豈獨慰九泉之思亦將勸庶邦之

義可

蕃官兀埿常等十二人覃恩轉官

敕具官某等錯居吾圉世濟其忠矧茲臨御之初豈

有中外之異各從遷秩以廣異恩祇服寵靈益堅守

禦可

高密郡王宗晟建安郡王宗綽所生母孫氏封

康國太夫人

敕毋以子貴春秋之義也朕方因親以教愛廣愛以

及民封節婦之閭以勸能賢賜高年之爵以助養老

而況屬籍至近賢王篤生欲大慰於慈心宜特推於異數孫氏四德純備五福荐臻豈惟擢秀於閨門固已流芳於宮闈舉觴坐上有伯仁仲智之賢持節洛濵皆汝南琅琊之貴爰改封於樂土俾正位於小君服我休恩介爾眉壽可

客省副使劉琯知恩州

敕軍國異容兵民異道治戎振旅以鷙勇為上承流宣化以忠厚為先爾久練武經本由才選屢更煩使克有成勞試于一州祇服朕訓可

皇叔叔曹贈洺州防禦使封廣平侯

敕官至持節爵爲通侯非我勲勞之臣則必親賢之屬豈云虚受維以飾終具官叔曹生於高明力自脩飭克有常德以沒元身乃眷衛漳夙爲重地爰假一麾之寵就分五等之封庶其有知服我休命可

左侍禁李司可供奉官

敕蠢爾裔夷憑嶮竊發不時討擊何以懲艾爾能奮命破走犬羊何愛一官以勸吏士可

張汝賢可直龍圖閣發運副使

敕具官張汝賢朝廷於南方復置都漕者所以均節

諸路之有無使歲課時入而已非以求贏也至俗吏為之則多收羨財以幸恩寵而民受其病以爾昔為御史號稱敢言奉使江表罪人斯得庶幾知義利之分者是以命爾寵之新職往惟欽哉

狄諮劉定各降一官

敕具官某等奉使一路以卹民奉法為先今乃不然煩酷之聲溢于朕聽公肆其下曲法受賕收聚毫末與農圃爭利使民無所致其忿至欲賊殺官吏朕以更赦置之閑局而公議未厭其削一官往思厥愆服我寬政可

范子淵知峽州

敕具官范子淵汝以有限之財興必不可成之役驅無辜之民置之必死之地橫費之財猶可以力補而既死之民不可以復生此議者所以不汝置而朕亦不得以赦原也夷陵雖小尚有民社朕有愧於民而於汝則厚矣可

宣德郎劉錫永父元年一百四歲可承事郎

敕劉元年尚齒教民三代之義咨爾百年之故老乃吾六世之遺民自非吉人莫享上壽張蒼事秦柱下而至漢孝景思邈生隋開皇而及唐永淳古有其人

乃今親見何愛一命慰其子孫可

叔頗男敃之可三班借職

敕敃之汝父無禄早世緣毋之請以獲一官其思所以克家事毋者惟敬毋怠可

鮑耆年京東運判張峋京西運判

敕具官某等朕惟百姓之命寄於郡縣而守令之賢不能人知其實獨賴部使者爲朕耳目而已爾長一郡以才良聞進之漕屬以究其用其使上無惰吏下無寃民以稱朕意可

李周太僕少卿

敕具官李周僕臣正厥后克正見於周書思無邪思馬斯臧形於魯頌朕命此職亦難其人以爾秉心不回臨事有守通練世故灼知民情所以望爾者豈特車工馬政而已哉可

范純禮吏部郎中

敕具官范純禮嗚呼惟乃顯考克明德秉哲以左右我仁宗俾配德於堯舜天亦維相之使世有人以任我樞機將帥之事今汝獨在外計朕惟瑚璉不可以褻用驥騄不可以小試命以天官之屬其少進之益觀其能往欽哉可

余希旦知濰州

敕具官余希旦爾本以才選坐累失職亦云久矣肆余大眚罔不更新北海名邦民朴而富往務忠厚以安其生可

王晳知衛州

敕具官王晳凡我四朝之舊經德秉哲篤老不衰者今幾人哉以爾好學守節名在循吏而久不治民朕甚惜之太行之麓民朴訟簡守以安靜莫如汝宜可

郭祥正覃恩轉承議郎

敕具官郭祥正朕丕承　六朝陳錫四國覃及方外
浹于有生矧余通籍之臣可無增秩之寵祗服休命
永肩一心可

王崇拯可遥郡刺史

敕具官王崇拯刺史漢官秩六百石魏晉以来皆牧
守之任今雖以為勇爵然非親賢勳舊不在此選爾
入直禁省出分虎符兵民所宜選寄滋重有司言爾
累勞當遷盍脩厥官以應名實可

潮州澄海第六指揮使謝臯可三班借職

敕謝臯汝自什伍長積勞累遷至一旅極矣今乃

以去惡之功獲補武吏惟廉與愼乃克有終可

皇伯仲部贈使相

敕親親以藩王室賢賢以尊朝廷古之道也况於死生之際恩禮之重國有常典我其敢忘皇伯具官仲部生於高明克自祗畏出就外傅聞好禮之稱退省其私有為善之樂云何不淑罹此閔凶慰我永懷豈無異數衮衣赤舃寵均三事之臣玉節牙璋坐享專征之器豈云虛授維以飾終庶幾有知服我休命可

士暇右班殿直

汝宗室子始名而祿得之非艱守之惟艱祗服朕訓

乃克終譽可

克鞏遥郡防禦使

朕於宗室無所愛也然猶不欲虛授以速人言得之

惟艱乃罔後悔凡有進秩必付有司攷其歲月察其

行義則朕與汝皆無愧豈不休哉

劉甄閤門祗候

惟我神考篤二將帥生則厚其寵死則恤其孤將使

識朝廷之儀習軍旅之事無忝厥祖以世其家成汝

之志可謂至矣將何以報之可

王安石贈太傅

敕朕式觀古初灼見天命將有非常之大事必生希世之異人使其名高一時學貫千載智足以達其道辯足以行其言瑰瑋之文足以藻飾萬物卓絶之行足以風動四方用能於朞歲之間靡然變天下之俗具官王安石少學孔孟晚師瞿聃罔羅六藝之遺文斷以己意糠粃百家之陳迹作新斯人屬熙寧之有為冠羣賢而首用信任之篤古今所無方需功業之成遽起山林之興浮雲何有脫屣如遺屢爭席於漁樵不亂羣於麋鹿進退之美雍容可觀朕方臨御之初哀疚罔極乃眷三朝之老邈在大江之南究觀規

模想見風采豈謂告終之問在予諒闇之中胡不百年為之一涕於戲死生用捨之際孰能違天贈賻哀榮之文豈不在我寵以帥臣之位蔚為儒者之光庶幾有知服我休命可

楊繪知徐州

敕楊繪士有拙於謀身而巧於治民疎於防患而容於憂國其自為計則過矣而朕何疾焉　先帝龍興首擢用爾置之臺諫以直諒聞言雖無功效於今日蔺易輕信失之匪人坐廢十年陶然自得詩人所謂豈弟君子者繪庶幾焉彭城大邦吾股肱郡政成民

悅朕不汝忘可

陳薦贈光祿大夫

敕昔我英祖慱求天下之士以輔翼我神考于東宮二十餘年之間山陵既成人物改謝顧瞻在廷一二臣外罔有存者朕惻然傷之永懷其人具官陳薦剛毅木訥器遠任重密勿左右以責難為愛君周旋藩輔以卹民為報國淪喪未幾風烈如在雖死者不可復作而追榮之典猶足以寵綏其子孫且使朴忠守道之士知朕意之所予者可

呂穆仲京東提刑唐義問河北西路提刑

敕先帝立法更制所以約束監司守令使不得營私而害民者可謂至矣朕始罷賦泉之令復征徭之法凡先帝之約束當益申而嚴之使出力從政之民無所復病以爾穆仲等或端静有守敏於為政或直諒多聞志於仕道而京東河朔皆天下重地也往脩厥官稱朕意焉可

沈叔通知海州

敕朕嗣位以来通商惠農施舍己責有不順成荒政畢舉而海濵之民群聚剽掠此吏不稱職備災無素之過也今選命汝惟往安之非勝之也民苟有以生

矣其肯自弃於惡可

孫向保州通判

敕孫向一郡之寄在汝守貳察姦舉能既復其舊矣則達政之吏可以有爲爾通練民事既試有勞其從所請以觀来效可

鄧闢朝散郎監邕州乃金坑慎

敕瘴霧之鄉上幣所出累年於此勤亦至矣法當遷秩以荅久勞可

荆王新婦王氏潭國夫人

敕易稱中饋爲家人之正吉詩美羔羊蓋鵲巢之功

致婦德有常含章不曜能使君子樂且有儀則內助之賢從可知矣王氏早服師傅習聞詩禮富貴而能恭儉俯仰極於孝慈令問藹然刑于宗族其改封大國象服是宜以稱我叔父之德為內命婦之法豈不休哉可

劉庠贈大中大夫

敕國以求賢為事士以得時為急士既難進而易退時亦難得而易失日月逝矣歲不我與古人之難復見于今具官劉庠才備德愽器遠任重逮事三朝出入二紀英祖神考實知其人而剛毅朴忠學不少貶

肆朕嗣位疇咨故老如庠等輩不過數人方當召用命不少假使九原而可作雖百身其何贖寵章異數賁于其柩雖知無益以塞朕哀可

李琮知吉州

敕李琮汝以久遠無根之賦使畏威懷賞之吏均之于無辜之民民以病告聞之惕然使吏覆視皆如所聞既正其事矣而汝猶自言若無罪然朕惟更赦不汝深咎遷于一州往深念之廬陵之富甲於江外使民安汝朕則汝安可

高士良可文思副使

敕高士良汝閱習民兵技藝趦等課以歲月於法當
遷往服寵靈益思来效
皇叔叔遂可贈懷州防禦使追封河内侯
敕生于富貴而無驕逸之患終于禄位而有歸全之
美始終之義有足賢者具官叔遂性於忠孝文以禮
樂蓋蒙祖宗之澤而服師保之訓克有令問以没元
身是用爵之通侯官以持節上以惇勸於宗室下以
寵綏其子孫可
楊王子孝騫等二人荆王子孝治等七人並遂
州團練使

敕某等先皇帝篤兄弟之好以恩勝義不許二叔出居于外蓋武王待周召之意太皇太后嚴朝廷之禮以義制恩始從其請出就外宅得孔子遠其子之意二聖不同同歸于道可以為萬世法朕奉侍兩宮按行新第顧瞻懷思潸然出涕昔漢明帝問東平王在家何等為樂王言為善最樂帝大其言因送列侯印十九枚諸子年五歲以上悉帶之著之簡策天下不以為私今王諸子性于忠孝漸于禮義自勝衣以上頎然皆有成人之風朕甚嘉之其各進一官以助其為善之樂尚勉之哉毋忝乃祖父以為邦家光可

呂公著妻魯氏贈國夫人

敕婦人之德如玉在淵雖不可見必形諸外視其夫有羔羊之直相其子有麟趾之仁則内德之茂從可知矣具官呂公著故妻魯氏名臣之子元老之婦所資者深故志存乎仁所見者大故動協于禮環佩穆然閨門化之而降年不永禄不配德其改封大國正位小君庶幾為女史之光非獨慰其夫子而已可

仲遲可遥郡防禦使

敕仲遲居貧賤而有聞易處富貴而無過難凡我宗室皆有位者雖不任以事無所施其才而刑于厥家

有以攷其行日月其邁爵秩當遷朕不爾私服之無愧可

韓維妻張氏同安郡夫人

敕朕登進元臣專以德選退食委蛇省察其私有召南之風焉抑抑威儀惟德之隅非内有相貳何以及此具官韓維妻張氏生于冠族作配君子言有物則行應圖史宜疏湯沐之封以稱山河之象祗服明命佑我老臣俾無内顧之憂專任仰成之寄可

東坡外制集卷上

東坡外制集卷中

司馬光三代妻

曾祖政太子太保

敕書曰皋陶邁種德種之遠故其發也難發之難故其報也大古之君子有種德於百年之前而待報於數世之後者昔聞其語未見其人某官某故曾祖某官某篤行有聞信於鄉國懷道不試遺其子孫天不吾欺再世而顯至于曾孫其德日躋袞衣繡裳進位于朝退有事于家廟其致朕命詔于有神尚食其報以康乃後可

曾祖母薛氏溫國太夫人

敕朕自通籍之臣皆有以寵綏其父母而自祖以上非予丞弼之家莫獲褒顯君子之孝至於尊祖以及其妣用邦君之禮以隆其家可謂至矣某官某故曾祖母某氏專靜有守柔嘉維則經之以孝慈緯之以恭儉使清白之訓不墜于子孫而隱德之報可質於天地我有異數詔于幽穸翟茀副笄尚服享之可

祖炫太子太傅

敕朕有元臣以德媚于上下民見其羽旄聞其車馬

之音則稽首而聚觀之況其父祖墳墓之所在望其草木蓋有流涕而拜者錫命之寵豈特以慰其家而已哉某官某故祖父某官某篤學力行追配前人仕道難進止於一命無疆之慶在其子孫風流未遠英烈如在歆予寵章以慰民望可

祖母皇甫氏温國太夫人

敕夫天人之際若不可知而善惡之報各以其類凡今富貴壽考光顯于世朕察其父母大父母未有不仁而得之者也某官某故祖母某氏令德孝恭著于閨門好禮慈儉刑于姻族始生賢子以大其家而餘

澤方茂福禄未究再世之後莫之與京慇册追榮國

有常典庶幾幽壤服我寵靈可

父沚贈太師追封温國公

敕朕聞盛德之士必與天合考之古人而無疑質諸

鬼神而不慭雖不當世必有達者某官某故父某官

某德為世範言為士則躬蹈險夷之節庶幾顏閔之

行事我　仁祖為時名臣而儒術之用止於侍從德

澤之施極於方鎮天厚其世篤生異人不求而名自

章不言而人自信皆曰君子之子宜為天下之用朕

既采民言俾秉國成而淵源之深推本所自命以師

臣胙之大國使人知有道之士雖沒有無疆之休可

毋聶氏温國太夫人

敕古之烈婦著在史冊非有憂患不見名節若夫令德懿行秀于閨門而湮滅無傳何可勝數獨賴子孫之賢或以表見於世君子之欲得位行道豈非以顯親揚名之故歟某官某故毋聶氏早以淑艾嬪于德人恭儉信順以相其夫慈和嚴翼以成其子使朕得名世之士以濟於艱難其遺風餘澤蓋有存者改封大國正位小君非獨以報其德庶幾令名與子俱傳於天下可

故妻張氏温國夫人

勑夫婦之好義同賓友懃瘁相成於艱難之中而死
生契闊於安樂之後朕聞其事惻然傷之具官某故
妻某氏少以女士不勤姆師歸于德門克有令問從
我元老詞寵居約遊神清淨之庭守德寂寞之宅始
終之際無愧古人我有寵章慰其永逝其正名於大
國以從姑於九原可

張恕將作鑒丞

勑朕惟人材之難長育之無素事至而求有不可得
是以訪之元臣大老之家推擇其子弟庶幾似之以
爾名臣之子篤學好禮敏於從政試之匠事以觀其

能爾克遠猷無忝乃父以稱朕意可

趙濟知解州

敕趙濟古者官有常人士有定論雍也可使南面求也可使為百乘宰論定而官不浮則民服汝長西師歷年於此矣考之清議不曰汝宜尚畀一城以觀來效敬之戒之毋失朕命

李承之知青州

敕朕東望齊魯之國河岱之間沃野千里生齒億萬商農阜通儒俠雜居可以大度長者勝難以細謹法吏治也具官李承之生于甲族世為名臣屢試有勞

所見者大肆予命汝尹茲東土昔曹參爲齊問治於
其師蓋公曰治道貴清淨而民自定汝師其言則
予汝嘉可

韓維三代妻

曾祖處均燕國公

敕漢諸袁之父子四世繼出五公唐諸温之兄弟同
時並列三省著在圖史古無擬倫眷予世臣有若韓
氏億事　仁祖始參大政篤生三子咸秉國成豈惟
嗣世之賢實賴積善之報具官某曾祖某潛德不耀
久而自彰天祚厥家世濟其美盛矣曾孫之貴蔚爲

三壽之朋逮予纘嗣之初繼受艱難之託甚文而靖既直且温旋觀純德之全尚識遺風之自是用因上公之舊秩開北國之新封仰以增廟室之光華俯以慰烝嘗之怵惕可

曾祖母李氏燕國太夫人

敕朕惟公卿之家有能父子躬履一德弼亮三世非其淵源深長外有羔羊諒直之賢內有鳲鳩均一之助亦安能奕世秉義久而不忘者乎具官韓維曾祖母李氏育德名家作嬪良士珩璜之節動必以禮蘋藻之薦敬而有儀用能使其後昆丞弼我國家以無

戮於世今其蒞政責任茲始余亦何愛大國不以易
湯沐之舊可

祖保樞魯國公

敕朕方圖任股肱之臣以光大祖宗之業思廣斯志
以及爾私人之念祖誰不如我是以推沛恩命褒顯
前人具官某祖某躬服仁義著迹鄉黨積累深厚見
于子孫或佐我仁祖之盛明或相我神考之休烈遺
風未遠故吏尚存逮茲纉承繼用耆哲朕既恭默思
道垂拱責成與其寵禄厥躬不若尊大其祖上以報
貽謀之德下以勵移孝之誠肇新曲阜之封增寵師

臣之贈服我休命並大爾家可

祖母郭氏周氏贈魯國太夫人

敕古者婦人爵因其夫貴以其子雖有過人之才絕俗之行不得所託不表於世今余輔臣父子兄弟先後相望以師長我百辟願推鴻恩光顯先烈維考維妣咸追錫休命肆予寵嘉之具官祖母某氏德稱閨闈化及宗黨允蹈家人之正居有鵲巢之福翟衣之盛由子而獲國封之貴及孫而大茲用錫爾周公之履以燭韓氏之祧庶其有知服我新命可

父億贈冀國公

敕朕聞仁宗在位之久有同成康得士之盛不減武宣如儲藥石以待疾病如種梓漆以備器用凡今中外文武之選率多慶曆嘉祐之人而況一時之老成與聞當時之大政德業傳於父老儀刑見於子孫名在國史像在原廟朕用慨然想見其人具官某故父某少稟異材進由直道出為循吏入為名卿福禄終身而人不疵富貴奕世而天不厭實生三子翼輔兩朝旌旄交馳棨戟互設朕欲貴其家廟而貴已窮於人爵改封大國益著隆名庶使昭陵之老臣永為北土之藩輔可

母蒲氏王氏贈秦國太夫人

敕愼終追遠仁也顯親揚名孝也得志行道澤可以及天下而富貴不能及其親天也雖不能及而追榮之典可以貫幽明褒大之訓可以表後世禮也嗚呼此亦仁之至義之盡矣具官某故母某氏族爲士望德爲女師恭儉以相其夫嚴敬以成其子使朕獲老成之佐以濟艱難之初宜推異恩以報舊德可

故妻蘇氏永嘉郡夫人

敕婦人有德行才智之能而不得施于事有言語文

章之美而不得聞于人而况仁而不壽賢而不禄者乎此詩人所以賦彤管而史氏所以傳列女也具官某故妻某氏少以女士秀于閨門来嬪德人動以禮法而不得與君子偕老翟茀以朝哀哉若人命之不淑其改賜湯沐寵以訓詞庶幾采蘩之遺芳不與宿草而共盡可

趙濟落直龍圖閣管句中岳廟

敕趙濟有司言汝罪惡有狀小人有不忍為而汝為之朕惟羞汗搢紳重置汝于理其退處散地以勵風俗可

王彭知夔州孫昌齡知蘇州岑象求知果州

敕具官某為吏莫不欲威而明威不可立也惟公則威明不可作也惟虛則明郡無大小民無剛柔事無繁簡政無難易惟公而虛無適而不治以爾用法之久不失仁恕折獄之多滋識情偽（孫昌齡岑象求改云端靜有守悃愊無華奉使歷年吏民宜之）其悉乃心施于有政不侮鰥寡毋擾獄市稱朕意焉可

王子韶主客郎中周尹考功郎中

敕王子韶等事有繁簡才有所宜要之郎官天下之清選也朕有所擇於其人而無所輕重於其間以爾子韶博聞彊記老而能學以爾尹果藝而達知無不

為各率其職而用其長朕將觀焉可

蔣之奇天章閣待制知潭州

敕三后在上遺文在下炳若雲漢昭回于天乃眷藏書之府因為育材之地爰登秀傑以備顧問雖持節出使剖符分憂一掛名於其間遂增重於所莅且使民見侍從之出守知朝廷之念遠也具官蔣之奇少以奇材輔之博學藝於從政敏而有功使之治劇於一方固當坐嘯以終日勿謂湖湘之遠在余庭戶之間務安斯民以稱朕意可

皇伯祖宗勝贈太尉北海郡王

敕夫以三公之位冠諸侯王之爵元勲盛德有不能
兼非我父兄親賢之隆加之死生哀榮之極則朕豈
以此授非其人哉具官宗勝生于高明克自抑畏忠
厚以為質禮敬以自文貴窮人爵而無驕佚之譏考
終天命而有歸全之美始終之際中外所賢日月有
時窀穸告具備物典册以將余哀豈獨慰九原之思
蓋將勸庶邦之義可

劉有方可昭宣使依舊嘉州刺史內侍省內侍押班
敕朕為天下父母推一心以馭百官內外雖異愛無差
等皆欲其處無過之地受有名之賞則上下相安人

無間言具官劉有方少知忠恪晚益詳練砥礪廉隅有搢紳之風祗畏簡書無戲怠之色歷歲滋久積勞當遷考之有司皆曰應法往服新寵朕不汝私可

宋滋可右侍禁

敕宋滋疆埸之臣所以奮不顧身義不旋踵者以朕為能卹其孤也何愛一官不以慰死者之意且以為吏士之勸乎可

鞠承之可秦州通判

敕鞠承之自恢復西鄙秦為内郡宿兵之衆有損於前而遠輸之勞至相倍蓰軍政雖簡民事為重監郡之

職專在養民有司擇材曰汝可使往辦乃事無忝所知可

文及可衛尉少卿

敕文及汝三公子以才行聞擢置要劇衆以爲宜而師

臣執謙重違其請周廬宿衛職親而務簡雖未足以

究觀汝能而退食休沐下車里門澣衣子舍豈非搢

紳之美談而當世之榮觀乎可

李杲卿可京西轉運副使張公庠可廣東轉運

副使楚潛可廣西轉運副使吴革可廣東轉運

判官

敕某官某朕即位以来發號施令務求厥中而寛者

喜縱忘　先帝之約束急者樂刻龔文吏之故態汝以才能治狀達于朕聽其往視之夫治民如牧羊然視其後者而鞭之可

童珪父參年一百二歲可承務郎致仕

敕童珪父參古者天子巡守方岳之下問百年者就見之而絳縣役老趙武謫其輿尉今汝黃髮駘背以上壽聞其可使與編戸齒乎往以忠孝教而子孫可

單可度可三班借職出職

敕單可度在官滋久吏事亦多而無大過有足嘉者往祗寵命益務廉平可

智誠知宜州

敕智誠蠢下裔夷譬之蜂蟻勝之不武不勝爲患惟爾守臣威信兩立勝之以不戰消患於未萌則民受其賜予惟汝嘉可

張仲可左班殿直

敕張仲歲之不易盜賊屢作爰設勇爵以勸追胥爾能奮身以除民害必信之賞其可忘乎可

張誠一責受左武衛將軍分司南京

敕張誠一孝治之極天下順之不子之罰民之輕犯而貴近之間尚有誠一朕甚傷之乃者姦言詖行蠹

國殘民之狀論者紛然方議其罪而悖德隱惡達于
朕聽攷實其狀至不忍言詩不云乎行有死人尚或
墐之禮曰父沒而不能讀父之書以為手澤存焉今
汝之所為者何為至此極也縱朕不問汝亦何顏以
處搢紳之列乎可

陳侗知陜州

敕陳侗士臨利害之際而不失故常者鮮矣以爾出
入冊府幾二十年安於分義不妄附麗以干進取死
喪之戚兄弟孔懷願為一郡以卹幼孤朕甚嘉之夫
入為九卿貳出為二千石此亦搢紳之高選也汝盍

勉之可

傅燮知鄭州

敕傅燮鄭廢為邑復為右輔経營繕完之勞民既告病而吏亦勤矣以爾樂易之政屢試有聞往任其事寬信以御民強敏以御吏稱朕意焉可

姚居簡押木栰上京酧奬轉三班借職

敕姚居簡不煩民力而辦官事會其所運罕所失亡可

賈種民知漢陽軍吕升卿通判海州

敕賈種民等天下有道士知分義流品清濁各有攸

處如種民升卿亦不汝弃往服寵命益祗厥官可依前件

張世矩再任鎮戎軍

勑具官張世矩高平故地夷漢雜處啓以夏政疆以戎索惟威與信並行德與法相濟則種落内附民安其生以爾習知邊情克有武略賦役之美歷年于兹夫已信之民易治已練之兵易使無改乃舊益觀厥成可

劉誼知韶州

勑具官劉誼汝昔爲使者親見民病盡言而不諱厄

窮而不悔夫豈知有今日之報乎孔子曰巧言令色鮮矣仁夫能為朕牧養遠民惠鮮鰥寡者必剛毅不回之士也往服厥官益信汝言可

呂惠卿責授建寧軍節度副使本州安置不得簽書公事

敕凶人在位民不奠居司寇失刑士有異論稍正滔天之罪永為垂世之規具官呂惠卿以斗筲之才挾穿窬之智諂事宰輔同升廟堂樂禍而貪功好兵而喜殺以聚斂為仁義以法律為詩書首建青苗次行助役均輸之政自同商賈手實之禍下及雞豚苟可

蠹國以害民率皆攘背而稱首　先皇帝求賢若不
及從善如轉圜始以帝堯之心姑試伯鯀終然孔子
之聖不信宰予發其宿姦謫之輔郡尚疑改過稍畀
重權復陳罔上之言繼有碭山之貶反覆教戒惡心
不悛躁輕矯誣德音猶在始與知己共為欺君喜則
摩足以相懽怒則反目以相噬連起大獄發其私書
黨與交攻幾半天下姦贓狼籍横被江東至其復用
之年始倡西戎之隙妄出新意變亂舊章力引狂生
之謀馴至永樂之禍興言及此流涕何追迨予踐祚
之初首發安邊之詔假我號令成汝詐謀不圖渙汗

之文止為款賊之具迷國不道從古罕聞尚寛兩觀
之誅薄示三危之竄國有常典朕不敢私可

許懋秘閣校理知福州

敕許懋七閩之會其民智巧吏得其人則靡然心服
不勞而治不得其人則紛然力争雖勞不服以爾賦
政東南民用不擾既久而信厥聲藹然肆余命爾長
兹劇部夫身在江海之上而職在魏闕之下民之瞻
望顧不羡歟可

喬執中兩浙運副張安上提刑

敕喬執中等夫以䘏刑之道達之于主計則非文法

之吏以爾執中奉使東南吏服其明民懷其惠以爾安上賦政毗陵寛而有制嚴而不殘是以命爾各祗厥服夫民新脱賦泉之弊以從力役之政其謹視貪吏以無害我成法可依前件

宇文昌齡吏部郎祝庶刑部郎

敕昌齡等古之君子以人物掌選而士不濫進以經術斷獄而民無怨言嗚呼何修何飾而至此歟今吾一之以格律而不免於異議何哉昌齡以儒學進有聞于人庶以世家用能宿其業勉思古人以稱朕意可依前件

江東提刑侯利建可江東轉運副使福建運判孫奕可福建路轉運副使新差權發遣鄭州傅燮可江東提刑知常州張安上可兩浙提刑朝請郎劉士彥可福建轉運判官

敕具官某等朕姑罷賦泉之令復繇役之法使民出力以事其上不責其所無有幾以富之閔閔焉如農夫之望歲也而差發之際吏或緣為姦農民在官貪者動心焉若郡縣御胥吏不嚴而監司察郡縣不謹則南畝之民不困於縣官而困於吏其與幾何爾以治行達于朕聽或已試之効或近臣之薦必能明識

朕意以保民察吏為本謹視其廉貪仁暴勤惰明闇
以詔賞罰朕亦將觀汝所為而進退焉可依前件

奉議王續知太康縣

敕王續朕以天下為一家然畿甸之民號為根本若
近者不悅四方何觀焉爾以才選往服厥事馭吏以
明保民以寬無失朕命可

新差通判齊州張琬可衛尉寺丞衛尉丞韓敦
立可通判齊州

敕具官某等朕於士大夫苟便其私而無害於公者
蓋未嘗不聽矧以養親為詞而求易地固朕之所樂

聞也往服厥官各祗乃事可依前件

兩浙運副喬執中可吏部郎

敕具官喬執中士知愛身則知愛君知馭民則知馭吏故端靜惠和之士施之内外無適不宜朕察汝久矣今自部使者入為天官屬無易其守以稱朕命可

供備庫使蘇子元可權知新州

敕具官蘇子元嗚呼交趾之變蘇氏之禍十年於此矣朕念之不衰哀亡而愍存不忍以常法待汝畀之一郡以勸事君敬之㧑思所以致此者可不敬歟可

楊汲落待制知黄州崔台符王孝先各降一官

台符知相州孝先知濮州

敕國家臨御百年哀矜庶獄好生惡殺視民如傷六聖一心簡在上帝而市井無賴譖愬公行若廷尉治獄不苛秋官議法有守則仁聖在上姦宄自消豈有數年之間坐致萬人之禍死者不復誰任其辜具官某（王孝先改為爾）以患失鄙夫之心而竊秉君子之器欲與群小共分告織之功專務巧誣以成疑似之罪試加覆視冤狀了然公議不容彈章交上聊從附下之罰少謝無辜之民服我寬恩益務循省（台符改此兩句云往滋安陽兼修馬政勉思來效毋重往愆）可

趙高摩勘轉朝議大夫

敕趙充國馮奉世名臣也而老於為將婁師德郭元振儒者也而樂於守邊蓋疆埸未寧則以外為重而忠義所激不擇地而安具官趙高少以異材輔之博學虛心大對方觀鼂董之文推轂西陲遂膺呈陸之寄恩威並著戎夏乂安論歲月以稍遷姑從舊典收功名於不世勉及前人可

趙思明知永靜軍

敕具官趙思明武吏之進以守土扞城為高選而戎壘之政以平徭決獄為餘事汝以財用往分使符知

高選之未易得而餘事之不可忽則寡過矣可

鮮于侁大理卿

敕具官鮮于侁儒者恥爲文吏而廷尉不用仁人久矣流弊之末至於誦法而不知義附勢而不知法罔羅紛張延及無辜朕益厭之爾德惟一信道不回雖古于張何以遠過是以命爾庶幾天下復無寃民不然者朕豈以刑獄之事累老成哉可

吴處厚知漢陽軍賈種民知通利軍

敕具官某等漢口黎陽控引江河久廢爲邑吏民不悦比詔有司修復故壘因舊而新務適厥中平徭均

賦使民宜之明致朕意以慰父老可

顧臨直龍圖閣河東轉運使唐義問河北轉運副使

敕具官某朕修賦役之法黜聚斂之吏去薄從忠務以養民而寬厚之弊或至於媮夫外臺按事以不失有罪為稱職若下有幸免之吏則必有不幸之民民困於吏則歸咎吾法朕甚憂之太原之民困於備邊使者之任不輕付予以爾儒林之選號稱秀傑有能吏之才而不薄有長者之風而不媮其服新職以莅一道往任其責以寬吾憂可唐義問云趙魏之地被

邊帶河以爾直諒之節世其家聲豈弟之心不忽民
事必能深識朕意以肅吏靖民為本往任其責以寬
吾憂可

張問秘書監

敕具官張問汝策名三朝宣力四方既有聞矣而篤
老之年克己復禮稱道不亂朕聞而嘉之起之鄉閭
列之朝會問國故事與民疾苦足矣不必勞以事也
優游吾東觀以為士大夫之表可

范子奇將作監

敕具官范子奇夫以百工之事較之一路之民為輕而

自部刺史入居九卿為重爾久在外服奔走之勞按視
之勤亦少休乎今宮室器用皆有常法守之勿失可
以寡過往若予工毋廢厥職可

錢長卿比部郎鄧義叔水部郎

敕具官某等昔漢郎官出宰百里今自監郡以上乃
與其選任益重矣非獨為官求人以濟無窮之務亦
將為國儲士以須不次之舉雖會計溝洫有司之一
事而馭吏捍災朕將有取焉可

林邵太僕丞何琬鴻臚丞

敕具官某等爾向以才選出按常平之政官省而歸

復使治民蓋將因能而任焉九寺之屬近在輦轂才
之所宜易以聞達毋曠厥官朕不汝遺可
文保雍將作監丞
敕具官文保雍朕仰成元老如涉得舟待以求濟苟
有以燕安之使樂從吾游而忘其老朕無憂焉大匠
之屬未足以盡汝才也而從政之餘遂及爾私並事
君親豈不休哉
李南公知滄州穆珣知廬州王子韶知壽州趙
揚知潤州
敕具官某等刺史秩六百石以按列郡而治行卓然

乃以二千石為郡守昔以責人者今以自責則物被
其惠民無間言爾等皆嘗奉使督察官吏公明之稱
達于朕聽董制江淮控臨河海任亦重矣其益勉之
無使風采減於平昔可

高公繪公紀並防禦使

敕鄧訓之德蓋活千人叔向之功尚宥十世矧先王
却狄之勳而聖毋負扆之託子孫賢者休戚同之具
官某性於忠孝文以禮樂襲故家仁厚之風蹈布衣
恭儉之節以爾父士林早緣肺腑逮事厚陵沒于中
年爵不配德故推餘澤以及後昆抱能未施當俟可

為之會臨寵而懼庶保無疆之休可

李之純户部侍郎

敕保國猶保身藥石不如養氣御民猶御馬鞭箠不如輕車故興利以富民不如省事而民自富廣求而豐國不如節用而國自豐朕嘉與庶工共行此志以爾具官李之純屢試以事號稱循良雖為有司不吝出納宜膺躐等之用庶無虚受之譏服我訓詞以厭公議可

穆衍金部員外郎

敕具官穆衍士能用其長以自表見者朕未嘗不試

也要之必觀其始終然後能決其進退在此選者可不勉歟貨幣之入所以權輕重通有無而非以求富也往服朕訓以永終譽可

孫路陜西運判

敕具官孫路關右之民困役傷財譬之七年之病而求三年之艾朕日夜以思庶幾其民勇而知方以爾出入秦雍悉其利病往行所知以稱朕意可

蘇頌刑部尚書

朕聞帝堯之世伯夷以三禮折民西漢之隆仲舒以春秋決獄是知有道之士必以無訟為功乃者法病

於煩官失其守盜賊多有獄市紛然敷求迪哲之人以清流弊之末具官蘇頌温文而毅直亮不回仲由冉求果藝有從政之美子產叔向愛直兼古人之遺遺罹閔凶亦既祥禫特詔虛位以待老成與其遂曾閔之私哀顧懷墳墓曷若蹈威綽之前軌顯揚君親佀聞嘉猷以對休命可

王公儀夔州路轉運使程高夔州路轉運判官

敕具官某等役法既復民知息肩矣然在官者皆農夫也三峽之民刀耕火耘與鹿豕雜居正賴良使者

察其侵寃使政煩而吏貪者此等豈能遠訴乎朕以大臣薦故擢用汝若遠民無告非獨汝咎薦者可不勉哉可

呂由庚太常寺太祝

勑呂由庚　先皇帝有賢執法朕不及見也思其人行其言用其平生所予者猶以爲未足也而録其子嗚呼亦可以識朕意也夫詩云惟其有之是以似之汝勉之矣朕不汝忘可

杜訢衛尉少卿鍾離景伯少府少監

勑具官某等朕登進耆老崇德以靖民敷求雋良養

材以待用非更練有素不輕用其人以爾訢久服官箴善守家法以爾景伯其斂而藝有聞于時皆吾四世之良往服九卿之貳益固爾守將觀厥成可

辛押陁羅歸德將軍

敕具官辛押陁羅天日之光下被草木雖在幽遠靡不照臨以爾嘗詣闕庭躬陳珎幣開導種落歲致梯航願自比於内臣得均被於霈澤祇服新寵益思盡忠可

高子壽三班借職

敕高子壽程力較績國有舊章命以一官勉思自効

可

李肩可殿中省尚藥奉御直翰林醫官

敕具官李肩醫雖一技蓋通妙物之神法有衆科以助好生之德故縻好爵用勸良能無忘三世之傳庶保十全之效可

耿政可東頭供奉官致仕

敕具官耿政肇新霈澤覃及庶工雖請老以家居亦先朝之逮事各從遷秩以寵歸休可

喬執中可朝請郎尚書吏部郎中

敕喬執中漢以郎官出宰百里令以郡守選屬列曹

任人之隆於古爲重有司言爾資格當遷其即正員以茂遠業可

東坡外制集卷中

東坡外制集卷下

李之純可集賢殿脩撰河北都轉運使

敕乃者役錢貸息之弊民兵馬政之勞萃于北方而天不靖民河溢為災老幼奔走流離道路十年於此矣嗚呼其孰為朕勞来安集使復其舊乎以爾具官李之純治辦之能嘗見於用忠厚之質不移於勢是用進秩書殿增重使指其往撫疲瘵之俗察貪暴之吏無縱詭随以謹無良朕將酌民言以觀汝政可不勉歟可

呂大臨太學愽士

敕具官吕大臨大學禮義之所從出也不擇人以為法而恃法以為治可乎漢之郭太符融唐之陽城韓愈士皆靡然化之其賢於法遠矣朕方詔有司疏理學政而近侍之臣言汝可用必能於法禁之外使士有所愧而不為乃稱朕意可

羅適知開封縣程之邵知祥符縣

敕羅適等赤縣之衆甚於劇郡五方豪傑之林百賈盗賊之淵蓋自平時號為難治而况市易始去逋負向繁役法初復農民未信以爾適學行純固有䘏民之心以爾之邵才力強敏無媮安之意各服乃事以

觀其能不患不己知求爲可知者可

杜純刑部員外郎

敕杜純用法如權衡權可以輕重移而衡不可以毫髮欺故司寇之職必有守道之長貳而輔之以守官之僚屬汝昔爲士師秉節不回獨持正議以直羣枉往服厥官無易汝守以不忍之心行無心之法則予汝嘉可

劉霆知陳留縣

敕具官劉霆縣劇而難治故有司難於用人地近而易知故才者樂於自用臨政以簡決獄以明御史以

嚴去盜以武能此四者孰不汝知可

皇伯仲睦贈保寧軍節度使東陽郡王

敕祖宗之德天地並隆施及子孫皆享民社勝衣有朝請之奉闔棺有茅土之封始終之間哀榮斯極具官仲睦寛厚寡過雍容有常生不勤於父師没見思於姻族既得考終之道可無追遠之恩豹尾神旗守臣之威命金璽盭綬諸侯之寵章服我寵光以賁窀穸可

杜紘右司郎中

敕具官杜紘士一歷都司即踐清要非一時名勝不

在此選爾以文無害而宿其業往服乃事益茂厥德

以稱朕命可

皇城使裴景知慈州莊宅副使郭逢知階州西

京左藏庫副使王克詢知順安軍

敕具官某等朕銓擇將吏視其才力彊敏可任以事

者必試之治民苟不知愛民奉法馭吏而戢士雖智

勇有聞朕無取焉爾等皆以考績察廉號稱明練薦

者交章故在此選往服厥官無失朕命可依前件

借職楊晟該差使吳奉雲等各轉一官

敕某等向敕邊臣增葺城堡所以護安民夷各全其

生爾能相率獻田出力有足嘉者服我爵秩永保忠順可

呂大忠發運副使

敕具官呂大忠發運使按治六路所部幾萬里持節出使未有若此其重者也以爾更練世故果於從政屢試劇部厥聲藹然是以命爾均南北之有無權貨幣之輕重使農末俱利公私宜之以稱朕意可

蔣之奇集賢殿脩撰知廣州

敕具官蔣之奇按治嶺海統制南極聲教所曁聳聞風采自唐以来不輕付予朕既擇其人復寵以秘殿

之職使民夷縱觀知其輟自禁嚴以見朝廷重遠之意其於服從畏信豈不有助也哉可

吴安持知蘇州劉珵知滑州

敕具官某等兩河之俗朴其弊也悍而輕犯法三吴之俗巧其弊也流而不知止惟君子為能去其己甚濟其所不及故所居而民安之朕求二郡守訪之左右咸曰汝宜往服朕訓因俗而治可依前件

謝卿材陝西轉運使

敕具官謝卿材治邊者不計財惟邊之所用治財者不䘏民惟財之為富此古今之通患也朕知汝才知

可倚忠厚可信故以西方之政責成於汝往與帥守者謀之惟適厥中以民爲本可

李曼知果州

敕具官李曼蜀之人治蜀知其好惡察其情僞宜若易然又况於寛而明和而毅如汝曼者乎乃者無實之訴朕既察之矣乗傳西歸平賦役省條教以慰父老之望可

黎珣知南雄州

敕黎珣嶺海之遠吏輕爲姦非良守令民無所赴告往祗厥官如在近甸則予汝嘉可

張赴再任乾寍軍

敕具官張赴使者言汝為政有方民甚宜之當觧而留以慰民望可不勉哉可

皇伯仲嬰贈奉國軍節度使追封申國公

敕祖宗之意仁孝為先孝故專篤於親仁故閔勞以事雖豐功盛烈不見於宗室而令名美實克全於始終死喪之威哀歎何及具官仲嬰少而簡素輔以溫文既克己以歸仁亦樂善而忘勢信順多助蓋大有上吉之祥高明令終眞既醉太平之福建元戎之六纛錫上公之九章維以勸忠豈云虛授庶幾幽壤服

我寵靈可

林邵開封推官

敕具官林邵天府之劇古稱難治非無人之資有不能濟今自逋負逃亡悉歸之四廂宜若易辦然夫辦之易則責之詳爾材敏素聞而以舉用往助乃長使治衆如治寡以稱所舉可

鄧義叔主客郎中王諤水部郎中

敕具官某等吏惡數易而事有不得已者通商惠農水政為急而招携柔遠賓客之事亦重矣各祗乃事為安官樂職之計可依前件

王荀龍知棣州

敕具官王荀龍平原厭次沃野千里桑麻之富衣被天下宜得老成循吏以輔安良民式遏姦慝訪之左右咸曰汝宜往悉乃心朕將觀焉可

黄憲章獲賊可承事郎

敕具官黄憲章勞能之賞不計日月爵禄之報必視首功宜從遷秩之勞以勸追胥之勇可

御侍中丞劉摯兼侍讀

敕孟子有言君仁莫不仁君義莫不義一正君而天下定矣朕惟臺諫言責之臣雖知無不言常救之於

已失而勸講進讀之士蓋朝夕納誨故日化而不知
合於孟子正君之義非獨有司之事也具官劉摯以
道事君非法不言使朕日聞所不聞天下稱焉宜因
古今册書之成文取其興壞治忽之要論言之於無
事救之於未失使朕立於無過之地豈非汝爭臣之
大願乎可

處士王臨試太學録

敕具官王臨觀近臣以其所為主觀遠臣以其所主朕
初不汝知也而光論汝可用其試之太學汝勉之矣
朕既因光以知汝亦將考汝所為而觀光焉可

皇叔克眷贈曹州觀察使追封濟陰侯

敕先王建邦啓土必先宗盟上自魯衛下至應韓側室之子莫不南面國家自仁率親專於教愛故生無吏責而富以禄没享隆名而告諸幽忠恕之道可謂備矣具官克眷以茂美之質服信厚之化雖功名才業不見於用而恭儉孝悌刑于厥官命以廉車即侯其地皆國之舊非朕敢私庶幾有知服我休命可

寇彦卿彦明左班殿直以兄殿直寇彦古求樂成死事

敕具官寇彦卿士不惜以身徇國朕獨何愛一官不以收恤其家乎祗服朕命毋忘死者可

駙馬都尉張敦禮節度觀察留後

敕軒冕之来德量為稱外無充詘之容可以觀德内若固有之安可以言量具官張敦禮少以經術秀於士林雖緣姻戚之選不失儒素之行日奉朝請既抱才而未試坐閱歲月亦久次而當遷進居兩使之間增重諸倩之遇益礪士節以為國華可

内人張氏可特封典贊

敕張氏朕幼學之初未就外傅命爾執業以侍左右勤勞有年恭謹寡過進掌儀範以旌徽柔可

故尚宮趙氏可特贈郡君

敕趙氏先朝差擇女士以輔陰教侍御左右罔匪淑人矧茲六尚之選必備四教之法奄焉淪喪宜極哀榮以爾名族之英掖廷之舊行應圖史言中物則彤管有煒既傳好德之芳象服是宜無愧飾終之典庶幾幽壤服我寵章可

馮宗道右騏驥使內侍省內侍押班梁惟簡文思副使內侍省內侍押班

敕具官某等爵禄天下之公器也朕不敢以私暱之愛而輕用其賞亦不敢以近習之嫌而不録其功以爾等小心忠孝逮事列聖出入中外劬勞百為而宗

道以藩邸攀附之勤惟簡以東朝奉事之久各還所
寄加重其任益勵素守以稱異恩可依前件

梁從吉遥郡團練使入内内侍省副都知

敕祖宗之化自家刑國故雖左右近習之臣莫不好
善而知義彬彬然有士君子之風焉具官梁從吉莊
重有守温良寡過給事官省知無不爲服勤邊徼克
有成績改錫戎團之命進助内宰之政益勵素守以
稱異恩可

劉有方内侍省右班副都知

敕祖宗之化自家刑國故雖左右近習之臣莫不好

善而知義彬彬然有士君子之風焉具官劉有方温
恭和毅勤強練密進從王事以法令為師退安私室
以圖史為樂進領右璫之貳益親中禁之嚴惟忠與
敬乃稱朕命可

翟思知泉州周之純知秀州沈季長知南康軍
敕具官某等朕惟四海之廣一夫不獲足以害教化
之成傷陰陽之和故選建守長必以學士大夫為先
孔子曰君子學道則愛人小人學道則易使也爾等
皆以儒術進有聞于時矣其深識朕意往行所聞欽
哉可

馬傳正大理寺主簿

敕具官馬傳正哀敬折獄明啓刑書理官之任也主簿雖卑亦有事於其間矣爾以選用其勉服此言可

張之諫權知涇州康識權發遣鄜州

敕具官某等邊郡之政兵食為先郡守之責文武兼綜以爾等才力之選卓然有聞治辦之效見于已試朕雖招携來遠不求邊功爾當積穀訓兵常若寇至祇率厥服往惟欽哉可依前件

梁譖供備庫副使轉出

敕具官梁諝奉事之久累勞當陞求從外遷亦各其志進貳諸使往齒外朝益務廉平以荅休寵可

燕若古知渝州

敕具官燕若古汝向以才選奉使東方官省而歸因以得郡蓋可謂異恩矣巴峽之嶮邑居褊陋負山臨谷以爭尋常獨渝爲大州水土和易商農會通賦役爭訟甲於旁近毋以僻遠鄙夷其民欽哉可

删定官孫諤鮑朝賓並宣議郎

敕具官某等廷見改官法之所嚴也歲月之課保任之數差若銖絫輒不得遷今於汝獨略之者豈非以

制法定令汝與其議故歟祗服朕命以法自律無徒

知之可

王振大理少卿

敕具官王振任法而不任人則法有不通無以盡萬

變之情任人而不任法則人各有意無以定一成之

論朕虚心以聽人法兼用以爾出入中外敏於從政

詳平奏讞審於用律廷尉之事爾惟副之夫法出於

仁成於義勉思古人以稱朕命可

李顲宣德郎

敕具官李顲朕有大政令使近臣摠領其議民之休

戚國之治亂成其手可謂重矣爾以儒術進以邑政
選而爲之官屬亦豈輕哉二三臣者言爾當遷其服
朕命益祇乃事可

趙思明西上閤門副使

敕具官趙思明國之宗臣義同休戚故文終之後配
漢並隆梁公之孫與唐無極國家佐命元老獨高韓
王銘勲太常侑食清廟爰自近歲歎其中微乃眷裔
孫尚有遺烈宜因近侍之請進陞上閤之貳勉蹈祖
武副朕懷人追遠之心可

李承祐内殿崇班 内臣轉官

敕具官李承祐奉事滋久累勞當遷遂讞外朝搢紳之列益思忠藎毋忝恩榮可

蕭士元知隰州趙永宝知永静軍

敕具官某等文武異用而其道同軍國異容而其情一爾以才選往莅厥服惟少私寡欲則民自靖惟奉法循理則吏自畏祗率朕訓欽哉可

黄光瑞可内殿崇班

敕黄光瑞朕覆養華夷義均臣子愛重爵賞必加有功以爾昔助王師遠獲逋寇歷年滋久宜示異恩服我寵休永思忠藎可

文貽慶可都官貟外郎居中可宗正寺主簿

敕具官某等昔江左二老王導謝安唐之元勳汾陽西平皆以積德流慶子孫多賢布列臺省為邦之光今吾太師氏亦庶幾焉爾等才行之美所知者深聞見之廣不扶自直宜近而遠未稱朕意其歸服乃事同寅協恭以究事君親之義可

皇兄令史贈博州防禦使博平侯

敕爵齒之貴並隆於朝廷死喪之威莫先於兄弟禮有哀䘏義兼哀榮故具官令史端厚有常靖恭寡過生不勤於保傅沒見思於族姻宜分竹符就賜茅社

服予惇敍之寵慰爾永歸之魂可

高士永知文州

敕具官高士永自將爲守非藝而果不在此選治兵欲嚴御吏欲明撫民欲寬守邊欲信汝勉之矣毋廢朕命可

太皇太后再從弟高士纉高士湣可並左班殿直

文思副使梁惟簡可皇城副使

敕具官某等朕惟坤元成物之恩雖以天下養無足稱其德者故推餘澤以及葭莩之親左右奉事之臣雖天地之施無所報塞尚勉忠孝以荅萬一可

范百禄刑部侍郎

敕朕哀敬五刑期協中道論者志於殺惟殺之務則深而失情讞者志於生惟生之知則玩而廢法朕欲情法兩得生殺必中非俗吏之所能思古人而永歎爰試以事乃得其人具官范百禄少以異材輔之篤學昔奉大對有守禮憂國之言旋為爭臣有責難愛君之意必能參用經術折中人情民自以為不寃汝當務致此者吾必也使無訟朕亦將庶幾焉可

朱光庭左司諫王覿右司諫

敕具官某等惟善人能受盡言故昔之諫者常有不

容之憂然有志之士猶且不顧忠義所激憂患可忘今朕恭己無為虛心以聽汝等所論蓋無虛日朕亦有拒而不聽聽而不用者乎各服新命盡所欲言言而不從朕則有愧知而不言汝亦負朕可不勉哉可

鮮于侁左諫議大夫梁燾右諫議大夫

敕仲虺言湯之德曰改過不吝孔子論一言而喪邦曰惟予言而莫余違嗚呼天下之治亂安危有不出於此者乎朕夙興夜寐思聞其過厥愆曰朕之愆不啻不敢含怒而況於左右輔弼之臣歟具官鮮于侁邦之老成久試于外金石之節皓首不衰具官梁燾

出入館殿蓋二十年守道篤志無所阿附皆吾爭臣之選也朕之於事無必無我可則行之否則更之使天下曉然知朕樂聞其過書之史冊足為美談若乃進則詭詞退則焚草衰世之事朕無取焉可

王巖叟侍御史

敕具官某爾以御史論事稱職擢居諫垣而能秉心不回忠言屢聞考其所爭之義皆有可行之實予維寵嘉之茲復命爾往貳執法樂於從善朕志亦可見矣易曰大君有命開國承家小人勿用必亂邦也爾謹視中外毋縱詭隨以成我純一之政可

錢勰給事中

敕朝廷之政根本於中書而樞機於門下出入考慎然後布之天下一成而不反後世有述焉雖用人惟均而至於封駁之任其選尤重具官錢勰文學議論世其先人典章憲度博通前世詞命之富多而愈工風力之優煩而不亂其服新命益修厥官使為政者難於造令而承流者無所議法則惟汝賢可

明堂執政加恩

韓維

敕朕於訪落之初躬總章之祀追嚴烈考以侑上

帝七政軌道四海来格禮樂具舉天人並應非余一
二大臣同德比義爕和神民何以致此〈牛丮〉具官韓維
全德雅望外為師表忠言嘉謀入告帷幄望其容貌
足以知朝廷之尊聞其風烈足以立負懦之志艱難
之際垂拱仰成宜修舊典之常均被慶成之澤同底
于道朕有望焉可

張璪

敕親祠合宫昭祀上帝明發不寐惕然有懷永惟
神考之烈高出百王之表選建群辟遺我後人濟于
艱難克有成績具官張璪碩材不器俊德自明衛上

之忠悃款四世應務之敏勤勞百為迨茲配饗之成

宜均慈蝦之福服我明命永肩一心可

李清臣

敕祇奉嚴禋肆行大賚誠通幽顯澤被中外大成之

樂上格於穹壤四盈之柔下浹於煇危翊余元臣相

成釐重事神人所保齋罼宜先具官李清臣德配先民

才高當世早以天人之學發為經緯之文左右先朝

克有成績屬余方訪落之始共濟艱難之中迨茲慮成

均被慈告宜跪井邑之賜以示臣工之崇永孚于休

以稱朕意

安壽

敕於皇烈考屬余大器夙夜祇懼若涉氷淵乃者饗帝合宮風雨時若肆青象魏謳歌聿歸惟天人之應萃于眇躬蓋左右之助實賴將相具官安壽奮自儒術為時名臣爕和兵戎無傷財害民之警持守法度有送往事居之忠迨茲慶成均被慈告井邑之賜國有舊章與民同休居寵無愧可

范純仁

敕朕出款眞室還祀合宮祇見昊天陟配文考禮樂具舉華夷駿奔方恭默無言之中繄辟公顯相之賴

率禮弗越肆予汝嘉具官范純仁慶曆名臣之家熙寧正諫之士著績西鄙授任中樞謨猷靖深兵革消伏領使奉祠之日助成大享之勤降福孔多推恩宜廣矧予宥密之地可無勲邑之加往服寵章益敬毋怠可

呂大防

敕朕有事總章外侑神考四輔在位百工在廷駿假無言各率其職迨此釐事之畢匪我冲人之能思與群公均受帝祉具官呂大防擢自英祖休有直聲被遇裕陵愈彰忠力入總文昌之轄手疏磐錯之煩六

事所瞻倚以為重三府之議於焉取平宜加勲伐之

隆益增井賦之衍服我休命思勉厥終可

韓忠彦黄履並特轉朝請郎

敕考績之法三代共由雖余左右之信臣猶以歳月而

敘進率循其舊示不爾私具官韓忠彦頎然異材奮

以儒術典朕三禮識古人之大全歷事四朝有宗臣

之餘烈黄履受材宏深秉德純固入踐臺省休有老成之風出領藩垣遂無東顧之念祗服新命益

脩厥官尚勵有為之心以需不次之舉可

皇叔祖克愛皇叔仲䖍並遥郡團練使

敕朕不以親廢法亦不以義掩恩故宗室之英雖不

任事而歲月之考必付有司以爾具官克愛篤行有
常率履如一以爾具官仲虢居寵而戒好德不回既
累日以當遷非無名而虛授益務忠敬以保厥家可

王獻可洛苑使

敕具官王獻可傳不云乎詩書義之府禮樂德之則
禦侮扞城亦儒者之事也汝以詞學進而以武幹聞
肆予虎臣謂汝可用往服新命以成汝志可

陳次升淮南提刑

敕具官陳次升春秋書無麥禾蓋病之也今吾淮甸
之民夏旱秋水望熟於來歲譬如負重涉遠未知所

舍朕甚憂之汝自百里長以才能選爲朕耳目其往
按視省刑獄均力役督盜賊去姦吏使民忘其災以
稱朕意可

杜純大理少卿

敕杜純治獄得其道仁及幽顯澤流子孫苟非其人
災及草木身任其禍朕敬而畏之久難其人以爾用
法平直守道純固不以進退榮辱抑揚其心故在此
選靡不有初終之實難可不勉哉可

郭畯開封府司錄參軍

敕具官郭畯汝昔爲獄官不撓于執事以陷無辜之

人坐失厥職秉義不回有足嘉者往隸天府揔攝群掾毋易汝守朕將觀焉可

林希中書舍人

敕文章之變與時盛衰譬如八音可以觀政而況誥命之出學者所師號令以之重輕風俗因而厚薄本朝革五代積衰之氣繼兩漢爾雅之文而大道中微異端所汩欲復祖宗之舊必以訓詞為先故難其人不以輕授具官林希慱聞強識篤學力行綽有建安之風流逮聞正始之議論往踐外制為朝廷潤色其精微期配昔人使天下識典刑之髣髴務究所學

朕將觀焉可

東坡外制集卷下